AF503092

RELATION
DE CE QUI S'EST FAIT A LYON, AU PASSAGE
DE MONSEIGNEUR
LE DUC DE BOURGOGNE
ET DE MONSEIGNEUR
LE DUC DE BERRY.

Dépuis le 9. d'Avril jusques au 13. du même Mois. M. DCCI.

A LYON,
Chez LOUIS PASCAL, Libraire Ruë Merciere, proche la Place des Jacobins.

AVEC PERMISSION.

RELATION
DE CE QUI S'EST FAIT A LYON AU PASSAGE
De Monſeigneur le Duc DE BOURGOGNE, *& de Monſeigneur le Duc* DE BERRY.

Depuis le 9. d'Avril, juſques au 13. du même mois M. DCCI.

'HONNEUR qu'a eu la Ville de Lyon, de recevoir Monſeigneur le Duc de Bourgogne, & Monſeigneur le Duc de Berry, & la bonté ſinguliere avec laquelle ces Auguſtes Princes ont agréé le zéle ſincére qu'on y a fait paroître pour eux, méritent bien qn'on prenne ſoin d'en conſerver le ſouvenir, & d'en inſtruire ceux qui n'ont pas pû en être les témoins.

C'est dans cette vûë qu'on donne icy au Public le détail de tout ce qui s'est passé dans cette occasion. On a tâché d'en bien circonstancier la Narration, & on s'est attaché sur tout à ne luy donner pour tout ornement que l'exactitude & la simplicité.

LE Samedy 9. Avril, Messeigneurs les Princes qui avoient couché dans un Bourg du Dauphiné nommé Eyrieu, traverserent le matin une belle & vaste Plaine appellée SAINFONS, & parurent à la vûë de Lyon à une heure aprés midy. Le temps se trouva heureusement le plus favorable qu'on eut eu depuis six mois, & ce beau temps continua précisément jusques à leur départ.

Tous les Ordres ayant été donnez & les mesures prises pour la reception des Princes, dés qu'on fut averti qu'ils approchoient, la Noblesse des trois Provinces du Lyonnois, Forest & Beaujollois, qui avoit été invitée; se mit en marche pour aller au-devant d'eux. Elle avoit à sa tête Monsieur le Marquis de Rochebonne Commandant dans la Province, & elle marchoit par Pelotons, & sans ordre; mais cette confusion avoit je ne sçay quoy de noble, & qui plût beaucoup. Cet illustre Corps composé d'un fort grand nombre de Gentils-hommes bien montez & fort lestes, trouva Nosseigneurs les Princes à demy-lieuë au-delà du Faux-bourg de la Guillotiere, & eut l'honneur de les saluër.

Le Marquis de Rochebonne fit son compliment qui fut agréé, autant par sa justesse que par sa briéveté. Aprés quoy la Noblesse suivit le Carrosse des Princes & prit avec eux la route de la Ville.

Les differentes Marechaussées du Gouvernement avec leurs Prévosts & leurs Officiers, s'étoient renduës à ce même endroit, & elles faisoient un trés bel effet par leur bon ordre, par leur nombre & par leurs habits qui étoient propres & uniformes.

Les Academistes de cette Ville, au nombre de vingt seulement, mais tous fort choisis, formoient un petit Corps à part, qui parut des plus brillans & des mieux arrangez. Monsieur Pavant de Floratis leur Ecuyer, & Gouverneur de l'Academie de Lyon, les ayant disposé sur une ligne avec beaucoup d'ordre, eut avec eux l'honneur de saluër trois fois les Princes l'épée à la main.

Aprés ces divers Corps de Cavalerie, les Princes avançant un peu plus vers le Faux-bourg, trouverent le Corps le plus avancé de la Bourgeoisie de la Ville. Elle formoit dans cet endroit un Bataillon complet, dont la tête & la queüe étoient composées de Piquiers & de Cuirassiers, ou de gens armez de toutes pieces. Leurs armes étoient toutes dorées ou damasquinées pour la pluspart, & les rayons du Soleil qui les frapoient, leur donnoient encore un éclat nouveau.

Ce premier Bataillon étoit immediatement ſuivi d'une longue file d'environ cent cinquante Carroſſes qui occupoient un aſſez grand eſpace, étant tous rangez ſur une même ligne, pour laiſſer la droite à Meſſeigneurs les Princes. Six cens Dames des plus diſtinguées de la Ville, vétuës de deüil, & parées de leurs plus riches pierreries, rempliſſoient cette nombreuſe ſuite de Carroſſes qui alloit aboutir au commencement du Faux-bourg.

Trois mille hommes fort proprement veſtus & diſtinguez par quartiers, qu'on appelle à Lyon PENNONAGES, faiſoient une double haye tout le long de ce Faux-bourg qui eſt d'une longue étenduë. Les ruës & les feneſtres étoient remplies d'une foule incroyable de peuple, & l'on avoit été obligé pour ſatisfaire l'empreſſement public de dreſſer en de certains endroits de longs Amphitheatres qui furent occupez par un grand nombre de perſonnes choiſies.

Le pont du Rhône qui eſt à la tête de ce Faux-bourg fut laiſſé entierement vuide, parce que ſon peu de largeur fit juger qu'il ne convenoit pas de l'embarraſſer, & l'on donna là-deſſus de ſi bons ordres que qui que ce ſoit de la Ville ne parut ſur ce pont (qui a plus de deux cens ſoixante toiſes de long) tandis que les Carroſſes des Princes & de leur ſuite y défilerent.

Le Conſulat composé de Monſieur Vaginay, Pré-

voſt

vost des Marchands, de Messieurs Perrichon, de la Rouë, Croppet de Saint Romain & Sabot Echevins, de Messieurs le Procureur Général, le Secretaire & le Receveur, tous en Robes violetes, qui sont leurs Robes de Cérémonie, & des Sieurs Exconsuls en Robes noires, s'étoit rendu à l'extremité du Pont entre la Barriere & la Porte de la Ville. Ils étoient precedez par leurs Mandeurs en Robes, & portant leurs grands Ecussons.

Messeigneurs les Princes étant arrivé dans cet endroit eurent la bonté de faire arrêter leur Carrosse pour recevoir le Compliment du Prevost des Marchands, qui parla avec beaucoup d'esprit & de dignité, & dont ils parurent extrêmement satisfaits.

La Harangue finie, on oüit tout-à-coup une agréable fanfare de quinze trompetes qu'on avoit placé à la descente du Pont, devant la Chapelle du S. Esprit & le peuple répondit à ce bruit par une acclamation générale, & par un million de VIVE LE ROY.

On avoit placé à la Porte la Compagnie des deux cens Arquebusiers, commandée par Mr Ferrus Capitaine de la Ville, qui en garda les Portes ce jour là & les trois jours suivans.

Une double haye de Penons occupoit la premiere

ruë qui se presente d'abord en entrant & qui va aboutir à la place de Bellecour.

Cette place qui est une des plus belles de l'Europe, & qui a plus de six cens pas de long, & plus de trois cens de large, parut ce jour-là aux yeux de tout le monde un spectacle tout-à-fait ébloüissant.

Toute la vaste étenduë de cette place étoit remplie d'une multitude innombrable de gens de la Ville & d'Etrangers, laquelle cependant ne causa nulle confusion, & l'on a jugé qu'il se trouva ce jour-là dans Bellecour plus de soixante & dix mille Ames, sans compter un grand nombre de personnes de distinction, qui étoient aux Fenêtres, aux Balcons, & sur les Amphitéatres qu'on avoit dressé en divers endroits.

Vingt Bataillons complets de la Bourgeoisie de la Ville, rangés & disciplinés tout aussi bien qu'il se puisse, faisoient une double haye dépuis l'entrée de Bellecour, jusques au Palais qui avoit été preparé pour Messeigneurs les Princes.

Mr de Vallorges Major de la Ville, étoit au milieu de toutes ces Troupes, à qui il donnoit l'ame & le mouvement, & qu'il avoit disposé dans un tres bel ordre, sur le plan que Monsieur le Marêchal Duc de VILLEROY Gouverneur de la Province avoit pris soin de dresser luy-même.

La magnificence de ces Troupes répondoit parfaitement à leur discipline, & l'on ose asseurer icy qu'il seroit difficile de trouver ailleurs une milice aussi richement vétuë & aussi brillante que celle-cy le fut en cette occasion.

Les Capitaines Penons avec leurs Lieutenans & leurs Enseignes avoient presque tous des habits en broderie ou chamarrez de galons d'or ou d'argent.

Chaque Penonage avoit un riche Drapeau avec sa Dévise particuliere.

Mais ce qui mérite une attention bien singuliere, c'est que parmi tous ces quartiers qui sont au nombre de trente cinq, & qui étoient tous composez de deux cens hommes choisis ; il n'y en avoit presque aucun où l'on ne remarquât un fort grand nombre de personnes aussi magnifiquement vétuës que des Officiers pourroient l'être. On vit même avec une vraye admiration dans la place de Bellecour plusieurs Penonages entiers dont tous les Soldats voulant à l'envi marquer leur zéle dans cette glorieuse occasion, avoient des juste-au-corps d'écarlate, ou de velours, ou d'un drap des plus fins & tous galonez d'or ou d'argent.

Tous les rangs étoient chacun en particulier parfaitement uniformes, & cette grande multitude d'armes dorées, de plumets blancs & d'écharpes frangées d'or, avoit quelque chose de trés-grand & qui frappoit agréablement les yeux.

Aussi les deux grands Princes voyant toute cette Bourgeoisie sous les armes, luy firent l'honneur de dire fort haut qu'ils la trouvoient fort riche & bien disciplinée.

L'ordre que Monsieur le Maréchal DE VILLEROY avoit fait publier de ne point tirer sur peine de la vie, fût exactement observé. Mais les Princes par une distinction trés-glorieuse pour la Bourgeoisie de cette Ville, voulurent bien luy permettre par la consideration de sa fidelité éprouvée, de laisser les pierres & les méches aux armes à feu qu'elle portoit : ce qu'on n'avoit point permis ailleurs.

Ce fut entre cette double haye d'Infanterie, dont les Capitaines & les Lieutenans salüoient de la Pique, & les Enseignes du Drapeau, que Nosseigneurs les Princes furent conduits au Palais, où le Roy avoit ordonné qu'on les logeat, & où il avoit autrefois logé luy-même & Madame la Duchesse de Bourgogne aprés luy. C'est la maison de Mr Mascrany, qu'on appelle la maison rouge, & qui est au fond de Bellecour, à l'extremité du Mail.

La Garde du Palais, laquelle se faisoit nuit & jour, fut partagée entre la Compagnie franche de Mr de Souternon, Capitaine dans le Regiment Lyonnois, qui avoit

avoit la droite, & le plus ancien Penonage, parmy les Troupes duquel, il y avoit cinquante Cuirassiers. La Garde fût relevée de vingt & quatre heures en vingt & quatre heures, par le Major de la Ville.

Les deux Augustes Princes étant entrez dans leur appartement, Mr Prost de Grange-blanche Procureur Général de la Ville, & Mr Perrichon le Fils Secretaire de la même Ville, precedez des deux premiers Mandeurs, allerent leur offrir les presens de la Ville. Ces présens parurent d'un si bon goût, & ils étoient si galamment arrangez, que les Princes aprés les avoir reçûs trés gracieusement, & les avoir considerez quelque temps; ordonnerent qu'à l'exception du vin, on envoyât tout le reste à Versailles.

Ce fût pour obeïr à cet ordre si glorieux & si plein de distinction pour cette Ville, que Monsieur Desgranges Maître des Cérémonies écrivit le même jour à Monsieur le Prévost des Marchands, & lui fit sçavoir que *Monseigneur le Duc de Bourgogne & Monseigneur le Duc de Berry avoient trouvé si agréables les Présens qu'il leur avoit fait, qu'au vin prés, ils vouloient les envoyer tous à Versailles; & qu'ainsi il le prioit de vouloir bien luy envoyer la Personne qui les avoit rangez, afin qu'il pût les faire emballer proprement.* Il le prie aussi par la même Lettre, de luy envoyer un memoire de tous ces présens, dont le détail quelque long & quelque brillant qu'il puisse être, ne pourroit pas cependant répondre à l'idée qu'en donne un témoignage aussi honorable que celuy-là.

Les Princes aprés avoir paru quelque temps aux fenêtres du Palais, d'où ils voyoient avec plaisir cette prodigieuse multitude de gens qui remplissoient la place de Bellecour, entrerent dans leur Cabinet, où ils resterent enfermez assez long-tems. Lors qu'ils en furent sortis, on leur présenta à chacun un Livre magnifiquement relié en Velours violet, avec leurs Armes relevées en broderie d'or: C'étoient les Principales Antiquitez & les Singularitez les plus remarquables de cette Ville recüeillies par le Pere De Colonia Jesuite, & accompagnées de plusieurs applications à l'honneur des Princes. Le lendemain le Consulat fit distribuer à toute leur Cour un grand nombre d'exemplaires de ce même ouvrage.

Sur les cinq heures & demy du soir les Princes allerent en chaize à l'Opera qu'on leur avoit fait préparer avec toutes les précautions & tous les soins possibles. La porte de la Salle étoit gardée par le Chevalier du Guet, à la tête de sa Compagnie, toute en habits neufs uniformes. On avoit ménagé pour les Princes un escalier dérobé, qui écarta d'eux la foule qui fût extraordinaire. Leur loge étoit tapissée d'un velours cramoisi avec des crepines d'or & l'attention dont ils honorerent la representation de cette piece, qui fut celle de Phaëton, & qui reussit à merveille, fut une marque du plaisir qu'ils y eurent.

L'Opera fini, les Princes retournerent au Palais où ils souperent. Ce fut durant leur souper qu'on tira tout le Canon de la Ville, avec un fort grand nombre de Boîtes : les Princes ayant eu eux-même la bonté d'ordonner, par complaisance pour les Dames, qu'on renvoyât à ce temps-là cette marque de la joye publique, afin de leur épargner la frayeur qu'elles auroient pû avoir, si on avoit tiré le Canon tandis que leurs Carrosses passoient sur le Pont du Rhône.

LE Dimanche dixiéme d'Avril, les Princes allerent entendre la Messe à l'Eglise Cathedrale de Saint Jean.

Monsieur l'Archevêque en Chape & en Mître les reçût à la Porte de l'Eglise. Il étoit à la tête des Chanoines Comtes de S. Jean, & de tout son Clergé en Chape, & rangé des deux côtez de la Nef, depuis la Porte du Chœur, jusques à la grande Porte de l'Eglise, où l'Archevêque présenta l'eau benîte aux Princes & leur fit un discours plein d'éloquence & de pieté.

La Harangue finie, les Princes suivirent l'Archevêque & le Clergé dans le Chœur, & furent conduits dans les places de l'Archidiacre & du Maître du Chœur, sur chacune desquelles on avoit mis un Daiz.

Aprés les Cérémonies accoûtumées Monsieur l'Archevêque s'étant allé habiller au Thrésor de l'Eglise, vint célebrer la Messe Pontificalement, & avec la même solemnité qui s'observe aux plus grandes Fêtes de l'Année. Il étoit assisté de sept Acolites, de sept Sous-Diacres, de sept Diacres, de sept Prêtres revêtus de leurs Chazubles, du nombre desquels il étoit, & de sept autres Prêtres revêtus de leurs Chapes.

Tous les Officians au nombre de quarante, les Comtes en Mître & les autres découverts, entrerent dans un tres-bel ordre par la grande Porte du Chœur, & saluërent les Princes en passant. La Messe fut Entonnée par Mr le Comte de Saint George Précenteur, & elle fut chantée par tout le Clergé en Plainchant. On fit *l'Administration* qui est une ancienne Cérémonie qui s'y pratique lorsque Monsieur l'Archevêque y Officie. On appelle *Administration* l'essay du Pain & du Vin, qui se fait par le plus Ancien des Perpetuels, en présence de tous les Diacres, & de tous les Sous-Diacres. Pour cet effet, ils sortent tous du Chœur & se rendent à la Chapelle de Nôtre Dame, où Mr le Prieur de la Platiére est obligé d'apporter du Pain & du Vin, dont on choisit le meilleur pour le Saint Sacrifice, & aprés l'avoir choisi, on le porte sur la credence avec grande solemnité.

Toutes les autres Cérémonies de la Messe Pontificale furent pratiquées avec beaucoup d'ordre & de dignité,

gnité, suivant l'ancien & constant usage de l'Eglise de Lyon, & attacherent extremement Nosseigneurs les Princes.

Monsieur l'Evêque de Saint Flour, de la Maison d'Estaing, qui étoit venu à Lyon pour les saluër, assista à toute cette Cérémonie avec Messieurs les Comtes de Lyon, du nombre desquels il avoit autrefois esté.

Aprés le dîner Monseigneur le Duc de BOURGOGNE & Monseigneur le Duc de BERRY suivant leur piété ordinaire, allerent à Vêpres dans l'Eglise d'Aisnay.

Aprés que les Vêpres furent dites, ils s'arrêterent quelques temps avec plaisir à considerer un Monument antique qu'on leur fit remarquer dans cette Eglise. Ce sont les deux Colomnes du célébre Temple d'Auguste que les Soixante Nations des Gaules qui negocioient à Lyon, firent bâtir à l'honneur de cet Empereur au confluent du Rhône & de la Saône, il y a plus de dix-sept Siecles. Ces colomnes qui ont esté depuis partagées en quatre, soutiennent aujourd'huy la voûte du Chœur de l'Eglise d'Aisnay.

Sur les trois heures les Princes allerent prendre un divertissement qu'on leur avoit préparé dans la place de Bellecour. La Compagnie des Chevaliers de l'Arc, fort ancienne dans Lyon, avoit dressé dans le fond de cette place une maniere de camp, qui avoit cent cinquante pas de long & quatre vingt de large. Le fond de ce Camp étoit rempli par quantité de barraques peintes diverſement & deſtinées pour les Chevaliers. La tête du Camp étoit ornée de quatre Pavillons, au milieu deſquels il y en avoit un cinquiéme préparé pour les Princes, lequel étoit couvert d'ardoiſes & embelli au dedans de tapiſſeries de Flandres, de Glaces, de Portieres, de Rideaux, de deux Fauteüils de Velours cramoiſi avec des Crépines d'or, & de pluſieurs autres ornemens.

Les Chevaliers au nombre de Soixante, outre ceux de cinq autres Villes de la Province, qui s'étoient venus joindre à ceux de Lyon, portoient chacun un riche Carquois revêtu d'un Drap Bleu & relevé en broderie d'Or, avec des Fleurs de Lys & des trophées de même. Ils avoient ſur la tête un bonnet à la Polonoiſe fourré de petit gris, & chamarré de galons d'Or en Ziczac. Leurs habits étoient propres & uniformes, & pour marque de leur Chevalérie, ils portoient chacun à la boutoniere une Croix de vermeil, chargée d'un Arc & d'une Flêche en Sautoir.

Ils avoient à leurs tête leurs Officiers précédés de leurs Tambours & de leurs Hautbois, & de pluſieurs hommes habillés à la maniere des principales Nations qui ſe ſervent aujourd'huy de l'Arc & de la Flêche.

Les Princes étant entrés dans ce Camp, eurent la

complaisance de s'armer du Brassard d'Argent, de l'Arc & des Flêches qu'on leur présenta, aprés que Mr Vaginay Capitaine-Lieutenant de la Compagnie, leur eut fait un Compliment tres - juste, & ils tirerent plusieurs coups avec une adresse qui fut extrémement applaudie: & pour marquer combien ils étoient satisfaits de la Compagnie & de ses exercices, ils luy firent l'honneur avant que de partir de Lyon, d'écrire leurs Noms dans le Livre des Chevaliers; ils accepterent avec plaisir les riches Armes dont ils s'étoient servis, qu'on eut l'honneur de leur présenter. Enfin pour derniere marque de bonté, ils firent emporter avec eux l'Oiseau qui fut abbatu par un Chevalier de Lyon, nommé Mory, la Flêche avec quoy il l'avoit abbatu, & l'Arc avec le Carquois dont il s'étoit servi pour cela.

Environ les cinq heures, Nosseigneurs les Princes, allerent à la Maison de Saint Antoine pour voir les Joûtes qu'on leur avoit préparé sur la Saône, & pour voir tirer le Feu d'Artifice dressé sur la même Riviére. Ils furent reçûs à la Porte par tout le Consulat qui avoit choisi cette Maison, comme la plus commode & par sa situation & par son agrément. Les Religieux de Saint Antoine sensibles à une pareille distinction, s'étoient disposé de tout leur mieux à recevoir dans leur Maison les grands Princes qui devoient l'honorer de leur présence.

La Galerie & les Sales voisines avec l'escalier qui y conduit, étoient embellies de quantité de Lustres &

de Candelabres de cryſtal, & on n'avoit rien negligé pour bien orner cet appartement. On y voyoit des peintures de prix & en grand nombre : Une Judith d'Hannibal Carrache, un Seneque du Guide, des originaux du Padoüan, du Correge, d'André del Sarto, de Leonard Vinchi Maître de Raphaël d'Urbin, &c.

La place des Princes étoit marquée par un riche Daiz de Satin blanc en brodérie, avec les armes de France. On avoit placé ſous le Daiz deux Fauteüils d'un Velours bleu avec deux Carreaux ſur les deux fenêtres des Princes, deux ſur les Tabourets qui étoient aux bas, & deux ſur les Fauteüils. Tout le reſte de la Galérie étoit orné à proportion.

Les Bateliers au nombre de cent partagés en deux Eſcadres, & tous vétus de blanc, avec des galons & des boutonnieres de ſoye, donnerent beaucoup de plaiſir aux Princes, en faiſant devant eux les mêmes exercices qu'ils avoient eu l'honneur de faire autrefois devant le Roy. On voyoit ſur leur Drapeau une Embléme qui convenoit fort au ſujet, & qui exprimoit bien la vive joye qu'ils avoient de ſervir au divertiſſement des Princes. C'étoit un Navire rempli de Matelots qui pouſſoient de cris d'allegreſſe, en voiant paroître dans le Ciel les deux Aſtres qu'on nomme LES GEMEAUX, & qui ſont d'une augure trés-favorable pour les Matelots. Ces paroles ſervoient d'ame à l'Embléme.

ALACRES

ALACRES FACIUNT HÆC SIDERA NAUTAS

Le favorable aspect de ces Astres brillans,
Rend tous nos Matelots contents.

Les cris d'allegresse que poussoient les Combattans les acclamations d'un Peuple infini qui assistoit à ce spectacle, le bruit des Tambours, des Haut-bois & des Tymbales, mêlé à ces voix confuses, tout cela ensemble fut pour les PRINCES, un agréable amusement.

Le temps qui restoit depuis la Joûte jusques à ce qu'on tirât le Feu d'artifice, fut rempli par un beau Concert de Voix & d'Instrumens qui agréa fort. En voicy les paroles.

DIALOGUE
SUR MONSEIGNEUR.
LE DUC DE BOURGOGNE.

PROLOGUE.

La Nymphe de la Seine au milieu de ses Flots,
Malgré le cristal de ses Eaux,
Se sent brûler d'impatience
De revoir son jeune Heros.
D'un objet si chéri la charmante présence
Peut seule faire son répos.
Elle réproche au Rhosne un bon-heur qu'elle envie.
Daignés, Prince, écouter leur trop justes combats.
Mais quoy que la Seine vous die,
Malgré sa juste jalousie,
Malgré ses plus tendres appas,
Tout vous conjure icy de ne la croire pas.

DIALOGUE
DE LA NYMPHE DE LA SEINE ET DU RHOSNE.

LA NYMPHE DE LA SEINE.

Rend moi ſans differer le PRINCE *que j'adore;*
Sur tes bords éloignez, c'eſt trop le retenir;
Mon cœur impatient ne peut plus ſoûtenir
L'ennuy mortel qui le dévore;
Son ſeul retour peut le finir.

LE RHOSNE.

Depuis l'heureux moment qu'une ſi belle vie
Pour le bonheur du monde à commencé ſon cours;
Sur vos bords fortunez vous le vîtes toûjours:
Faut-il que déja l'on m'envie
Le bonheur paſſager de l'avoir quelques jours?

LA NYMPHE.

Je me suis fait une douce habitude
De voir sur mon rivage un Prince si charmant.
Je ne puis plus sans trouble & sans inquietude
Le perdre pour un seul moment.

LE RHOSNE.

Si sa gloire vous étoit chere,
Vous ne pousseriez pas ces indignes soûpirs;
Et son éloignement bien loin de vous déplaire,
Mettroit le comble à vos desirs.

LA NYMPHE.

Moy! de ne plus le voir que je me rejouisse!
O Ciel! c'est pour mon cœur le plus rude supplice.

LE RHOSNE.

E' ne doit-ce pas être un charme à vôtre amour
D'oüir ce que la Renommée
Raconte de luy chaque jour,
Et de voir sa gloire semée
Dans mes climats comme à la Cour.

Quel

Quel ſolide avantage & quel charme d'apprendre
Qu'on voit en mille lieux ſes vertus ſe répandre :
Que cent Peuples divers volent de toutes parts
Et confondent ſur luy leurs avides regards :
Qu'on ne peut ſe laſſer de le voir, de l'entendre,
Et ce qui doit enfin faire tarir vos pleurs,
C'eſt que vous le verrez chargé de mille cœurs

TOUS DEUX *à la fois.*

Quel avantage & quel charme d'apprendre, &c.

LA SEINE *ſeule.*

Et ce qui doit enfin faire tarir mes pleurs,
C'eſt que je le verray chargé de mille cœurs.

RECIT DE CASTOR ET POLLUX.

SUJET DU RECIT.

Castor & Pollux Fils de Jupiter accompagnent Jason à la conquête de la Toison d'Or. La Grece celebre leur retour par des Fêtes publiques.

Des Climats fortunez de l'heureuse Ibérie
Les Fils de Jupiter sont enfin de retour.
Le destin nous ramène au gré de nostre envie
Castor & Pollux dans ce jour.
De nos Chants les plus doux ranimons l'harmonie.
Marquons leur bien tout nostre Amour.

En dépit des rigueurs d'une saison cruelle,
Dans sa pénible course ils ont suivi Jason
Et fait avec un même zèle
La conquête de la Toison.

On repéte.

De nos chants les plus doux, &c.

Arbres naissans redoublez vos ombrages;
Petits Oiseaux égayez vos ramages.
Prodiguons leur nos fleurs, ne les épargnons pas.
Ils en font naître sous leurs pas.

Que nos Parterres refleurissent:
Que nos Boccages reverdissent:
Que d'un éclat nouveau tout brille dans nos champs
Et que nos Echos retentissent
Du doux murmure de nos chants.

On repéte.

En dépit des rigueurs d'une saison cruelle, &c.

A L'entrée de la nuit, on fut frappé tout à coup d'un spectacle des plus grands & des plus beaux qu'on puisse imaginer.

La Montagne de Fourviére, & celle des Chartreux qui commandent l'une & l'autre la Ville, & qui forment le long de la Saône une maniere d'Amphitéatre de plus d'une demy-lieuë de circuit, parurent dans un instant éclairées d'un nombre prodigieux de Pots à feu d'une invention particuliére, & arrangés avec beaucoup de Symmétrie. Les Maisons des Communautez & les Maisons des Bourgeois, dont ces collines sont couvertes, accompagnoient cette illumination générale par des illuminations particuliéres, & l'on distinguoit avec plaisir sur ces Montagnes en feu, des Pyramides ardentes, des Clochers embrasés & des Galéries rayonnantes.

Les Maisons qui sont bâties sur les deux bords de la Saône, & qui occupent l'espace de plus d'une demi lieüe, depuis la porte de S. George, jusques fort loin au-déla de celle de Vaize, étoient éclairées d'un nombre infini de Lanternes qu'on avoit placé aux deux côtés de chaque fenêtre. Entre toutes les Maisons, l'Hôtel du Gouvernement se distingua par une Illumination bien ordonnée & qui fut fort remarquée de Messeigneurs les Princes. Ce fut à la faveur de cette Illumination la plus brillante qu'on eut encore veu, que les

Princes durant plus de deux heures contemplerent avec beaucoup de plaisir sur les Quais, sur les Ponts, sur les Amphitéatres, sur les Balcons & aux Fenêtres cette multitude d'environ cent mille personnes qui avoient les yeux attachés sur eux & qui de temps en temps faisoient rétentir l'air d'un million de VIVE LE ROY, qui empéchoient qu'on n'entendit le fracas que faisoient les Timbales & les Tambours des trente-cinq quartiers, dont chacun en avoit un grand nombre, desquels on battoit tout à la fois.

L'illumination du reste de la Ville qui fut générale durant quatre nuits, étoit semblable à celle des Quais & les Princes satisfaits d'un spectacle si charmant, eurent la bonté de répeter plusieurs fois qu'ils n'avoient encore rien veu de si ébloüissant.

C'est durant ces acclamations dont on a parlé & durant la plus belle nuit du monde, qu'on tira le Feu d'Artifice qui eut tout le succés qu'on pouvoit desirer, & dont on renvoye la description à la fin de cette narration, pour ne pas en interrompre le Cours.

LE Lundy onziéme Nosseigneurs les Princes accompagnez de Mr le Maréchal Duc de Noailles, & suivis du Consulat en Corps, allerent entendre la Messe dans l'Eglise des Carmélites. Aprés la Messe ils entrerent dans le Monastére, où Madame de Villeroy qui en est la Supérieure, les reçût à la tête de sa Communauté, & leur fit un compliment dont ils furent extrémement satisfaits. Ils visiterent la Maison, & ils loüerent le bon ordre & la modestie qu'ils y remarquerent.

A leur retour ils furent complimentez par les divers Corps de la Ville, les Chefs portant la parole à la tête de leurs Compagnies. Les Députez de Génève, qui s'étoient rendus à Lyon, firent ensuite leur Compliment & offrirent les presens de leur Republique.

Aprés le dîné, Nosseigneurs les Princes, allerent au Jeu de l'Arquebuse dressé dans la place de Bellecour par les Chévaliers de la Butte, au nombre de quarante, sans compter les Officiers. Leurs habits d'un drap d'Angleterre gris céleste, avec un double agrément d'argent, leurs bas teints en écarlate, leurs plumets blancs, leurs armes dorées, & qui passent pour les plus belles du Royaume; le reste de leur ajustement qui étoit tout-à-fait uniforme, tout cela ensemble donnoit à leur Compagnie un air fort propre & fort distingué.

Tous ces Chévaliers s'étans assemblez le matin, se rendirent à l'Hôtel de Ville, où ils reçurent les Brigades de Chambery, de Grenoble & de S. Estienne, invitées au Prix Général, que les Chevaliers de Lyon rendoient; celles de Bourgogne ayant manqué au rendez-vous, à cause du changement de route de Messeigneurs les Princes.

Toutes les Loix de cette Chévalerie ayant été réglées de concert, on fit servir pour tous les Chévaliers dans la Sale des Portraits de l'Hôtel de Ville, un repas aussi délicat que somptüeux, sur quatre Tables de vingt & cinq couverts chacune. Aprés le repas ils se mirent en marche pour se rendre à la place de Bellecour, où les Officiers eurent l'honneur de salüer Nosseigneurs les Princes, qui des fenêtres de leur Palais les virent entrer en bon ordre dans la grande allée des Tilleulx. Au bout de cette allée on avoit construit pour les Princes, à la distance necessaire pour tirer, une Sale richement ornée, avec des Loges pour les Chévaliers, embellies de Pilastres & de Frizes, ce qui faisoit une fort agréable perspective.

A peine les Compagnies eurent elles formé une double haye, que Messeigneurs les Princes se rendirent dans leur jeu, & ayant pris les armes que les Officiers eurent l'honneur de leur présenter, ils firent l'ouverture du Prix & tirerent chacun deux coups avec beaucoup d'adresse. Ils voulurent même par une bonté & une confiance singuliére que tous les Chévaliers tirassent en leur présence, & ils prirent la peine de demander le Nom & le Païs de ceux qui avoient donné dans le noir. Enfin pour marquer l'estime qu'ils font de cet exercice, ils ont eu la bonté avant leur départ, d'en signer les Registres.

Le premier prix a été remporté par la Brigade des Chevaliers de Grenoble.

Environ les trois heures Nosseigneurs les Princes allerent au grand Monastére de la Visitation de Sainte Marie, où ils virent le cœur de Saint François de Sales, que la feüe Reine Mere, étant à Lyon, fit proprement enchasser dans un grand Reliquaire d'Or. Avant que de sortir, ils firent leur Priére à ce Saint, avec une pieté fort exemplaire.

De-là Messeigneurs les Princes allerent pour la seconde fois dans la Maison de S. Antoine, où ils furent encore reçûs par le Consulat, & où on leur donna de nouvelles fêtes sur la Riviére. Les Bateliers joûterent encore une fois. Les joûtes furent suivies du divertissement de l'Oye & de celuy des Canards, dont les Bateliers rompoient en passant les Cages à coups de Marteau & se plongeoient à l'envi dans la Riviére, pour y prendre les Canards qui s'y étoient jettés. Cet exercice fut fort plaisant, & quant il fut finy, les Princes allerent dans la place de Bellecour, où étoit le Regiment de Gals qu'ils firent passer en revûë.

Le soir ils furent à l'Opera, où l'on représenta L'EUROPE GALANTE, avec un PROLOGUE, qui avoit été composé par les soins du Consulat. Le dessein de ce Prologue rouloit sur l'union de la France & de

& de l'Espagne qui établit le repos de l'Europe, malgré les efforts de l'envie qui tâche de le troubler. On avoit fait faire aux Acteurs des habits neufs & riches, & cette piece eut beaucoup de reüssite.

Aprés le souper on tira dans la place de Bellecour une fort grande quantité de feux d'Artifice & l'Illumination fut aussi belle & aussi générale, qu'elle l'avoit esté les deux nuits précédentes.

LE Mardy douziéme Messeigneurs les Princes allerent à la Messe dans l'Eglise du grand Collége des Jesuites. Elle fut célébrée par Mr l'Abbé la Croix Chapelain du Roy, & les Princes l'entendirent avec une attention & une piété qui édifierent fort toute l'assemblée. Au sortir de la Messe ils monterent à la Bibliotheque, magnifiquement bâtie par la Maison DE VILLEROY & augmentée fort considerablement par la Bibliotheque de feu Monsieur l'Archeveque de Lyon. Monsieur le Marêchal de NOAILLES leur fit remarquer les divers monumens qu'on y a érigé à l'honneur de cette Maison & pour y conserver le souvenir de ses bien-faits. Les Princes s'arrêterent quelque temps à considérer des Globes, à examiner des manuscrits & à voir parmi les Livres de feu Monsieur l'Archeveque un Livre composé autre-fois par le Roy & intitulé, *Traduction de la guerre de César contre les Suisses.*

De-là ils entrerent dans le Cabinet des Medailles du Pére de la CHAIZE, où ils resterent demi-heure, & où ils firent voir une erudition & un goût pour l'Antiquité qui enchanterent toute l'assemblée. Le P. Antiquaire ayant eu l'honneur de leur faire voir la suite des Empereurs Romains en Bronze, en Argent, & en Or, avec un grand nombre d'Idoles & d'autres figures Antiques Egyptiennes, Greques & Romaines, Monseigneur le Duc de Bourgogne luy fit diverses questions tres sçavantes sur la Chronologie, sur l'Histoire, sur le Dieu Mithra, sur Harpocrate, sur les Sicles Hebreux & Samaritains; il déméla sur le champ l'Antique du Moderne; il fit de belles remarques sur le Boisseau du Dieu Serapis, & sur l'Amiante des Lampes qu'on appelle Inextinguibles.

Ensuite ayant apperçû une figure antique de la Victoire, à qui il manquoit une aîle, il demanda d'où vient que cette Victoire n'avoit pas deux aîles comme les autres figures de même espece qu'il se souvenoit d'avoir veûës. Le Pere répondit que l'aîle qui manquoit avoit été détruite par le temps; Que celle qui restoit étoit de trop & qu'il vouloit l'arracher. Le Prince ayant voulu sçavoir pourquoy; *C'est* (dit le Pere) *que le Roy a sçû si bien fixer la Victoire, que ses aîles luy sont devenuës inutiles, puisqu'elle ne peut plus s'envoler.*

Au sortir du Cabinet, deux Ecoliers choisis eurent l'honneur de presenter aux Princes des Poësies Françoises & Latines, que le Collége avoit composé à leur honneur, & dont on distribua un grand nombre d'exemplaires à toute leur suite. Les Princes les reçûrent avec bonté, & donnerent des vacances aux Ecoliers. Le soir les Jesuites voulant donner une marque publique de leur reconnoissance pour l'honneur qu'ils avoient reçû, firent une grande illumination devant leur Collége, accompagnée de plusieurs décharges de Boîtes, & d'une fanfare de Trompettes & de Tambours.

L'aprés dîné, sur les trois heures, Messeigneurs les Princes allerent à l'Hôtel de Ville, & furent reçûs à la Portiére de leur Carrosse par le Consulat en Robes de Cérémonies.

Les Portes de cet Hôtel, étoient gardées par la Compagnie des deux cens Arquebuziers de la Ville, & quatre Bataillons de la Bourgeoisie étoient rangez en fort bon ordre dans la place des Terreaux, que l'Hôtel de Ville a en face.

Nosseigneurs les Princes étant entrés dans le vestibule, & ayant veu en passant les anciennes Tables de Bronze de l'Empereur Claude, furent d'abord conduits dans la Sale qu'on nomme *de l'Abondance*, où l'on avoit disposé avec de grands soins des Mêtiers & des Ouvriers d'une propreté exquise, pour leur faire voir nos Manufactures de brocart d'or & d'argent qui sont des plus belles du monde & qui entretiennent les trois quarts de la Ville.

On leur expliqua fort sensiblement la maniere dont la soye se forme dans ses commencemens & celle dont elle se met en œuvre. On leur particularisa tous les soins & tous les ménagemens divers que demande cette fabrique, & on eut le bon-heur de voir que ces grands Princes entrerent dans tous ces détails avec bonté &

même avec plaisir, persuadés que la science des détails convient aux Souverains encore plus qu'au reste des hommes.

Au sortir de ce lieu, ayant fait un tour dans la grande Cour de l'Hôtel, ils montérent par le grand escalier dans la Chambre du Conseil, où l'on avoit étalé les plus beaux & les plus riches brocards d'or & d'argent qui se soient fabriqués dans cette Ville, & le Consulat eut l'honneur de les leur presenter en trente pieces differentes.

De cette Chambre ils passérent dans la Salle du Consulat, où ils examinérent avec soin le nouveau plan des réparations qu'on va faire à l'Hôtel de Ville.

Ce plan qui a été tracé par le célébre Mr Mansard & que le Roy a fort agréé, se trouva aussi tout-à-fait de leur goût. Avant que de quitter cette Salle, ils y virent encore le dessein de la Statuë Equestre de Loüis le Grand, que le Consulat a fait jetter en Bronze, du poids d'environ trente milliers, dans la Ville de Paris, & qu'il se prépare à faire ériger dans cette Ville, dés qu'on l'y aura conduite de Toulon où elle est deja arrivée

De-là Messeigneurs les Princes descendirent dans une derniére Salle, où l'on fit devant eux une expérience, qui n'est pas moins curieuse qu'elle est utile au Royaume. C'est la maniére dont on dore les Lingots & dont on les dégrossit aprés les avoir dorés.

La Machine dont on se sert à Lyon pour les dégrossir, qu'on appelle l'Argue, est si délicate qu'un Lingot d'Argent massif qui n'a que 2. pieds de longueur & trois pouces quatre lignes de circonference, produit un fil d'Or de la longueur d'un million quatre-vingt seize mille sept cens & quatre pieds : de sorte que ce fil par l'Art du tirage s'allonge plus de cinq cens quarante trois mille fois plus qu'il n'étoit auparavant. Ainsi si l'on attachoit ce fil par un de ses bouts & qu'il eut assés de consistance pour étre étendu sans se rompre , il pourroit étre conduit jusques à une distance de soixante-treize lieües ; c'est à dire pour le moins depuis Lyon jusques à Toulon.

Mr Rohault dans son traité de Physique en parlant de la divisibilité de la matiére à l'infini , rapporte une expérience à peu prés de cette nature , & dit qu'ayant esté chés un Tireur d'Or de Paris, il prit un lingot de deux pieds huit pouces , & que l'ayant fait tirer par la filiere la plus fine, il trouva qu'il s'étoit allongé de cent quinze mille fois plus qu'il n'estoit auparavant. Enquoy l'on voit que l'habileté des Tireurs d'Or de Lyon surpasse trés-considérablement celle des Tireurs d'Or de Paris, puisque d'un lingot du même poids & du même volume, ils en tirent prés de dix fois d'avantage.

Au sortir de l'Hôtel de Ville, Nosseigneurs les Princes toûjours accompagnés du Consulat allerent visiter l'Abbaye Royale de Saint Pierre : Madame de Chaulnes qui en est l'Abesse les reçût à la tête de sa Communauté , & leur fit un compliment qui mérita leur approbation.

Le soir ils allerent pour la troisiéme fois à l'Opera où l'on representa de nouveau l'Europe Galante, dont ils avoient demandé la répetition.

LE Mécredy treiziéme du mois, le temps se trouvant encore parfaitement beau, MESSEIGNEURS LES PRINCES allerent à six heures & demi de matin entendre la Messe dans l'Eglise des Celestins. Toutes les Ruës par où ils devoient passer depuis la Porte de leur Palais jusques au lieu de l'embarquement étoient bordées d'une double Haye de la Bourgeoisie, au nombre de sept mille hommes sans compter les Officiers, & sans y comprendre les Compagnies particulieres dont on a parlé dans toute cette Relation.

Le Bateau dans lequel s'embarquerent MESSEIGNEURS LES PRINCES avoit environ 65. pieds de long 12. de large & 9. de haut. Le Salon pour les Gardes qui avoit dix pieds de long étoit tapissé de Brocatel avec deux grandes formes couvertes de même & matelassées. La Chambre des PRINCES de 26. piez de longueur étoit garnie d'un Damas rouge cramoisi, & ornée de deux canapées avec ses carreaux à houppes d'or, de 24. Perroquets, de deux Fauteüils, deux Chaises, deux Tables, le tout de velours cramoisi, avec les crépines & les moletes d'or. Les Portieres étoient de Damas avec des crepines d'or. La Cheminée ou chauffe-panse étoit blanche & or, avec sa corniche dorée; il y avoit dans la chambre cinq fenêtres de trois pieds & demy de large chacune, toutes à paneaux de glace avec des rideaux de taffetas blanc; La Cheminée occupoit la place de la sixieme; treize miroirs placez entre les fenêtres, à côté des Portes & sur la Cheminée achevoient de donner à cette chambre tout l'agrément qu'on pouvoit souhaiter. Les Portes qui étoient de glace avec les Chassis dorés, avoient huit pieds de haut & quatre de large. Le Cabinet des Valets de Chambre avoit dix pieds de long, il étoit tapissé de Brocatel, & les autres Meubles étoient de la même étoffe; L'on avoit pratiqué dans ce Cabinet un Escalier pour monter au dessus du Bateau sans passer par la Chambre des Princes.

Tous le dessus de la Barque étoit couvert d'un Drap d'écarlate bordé d'un Galon d'or, & la Balustrade qu'on voyoit ornée tout autour de Filets d'or, sur un fond blanc, n'étoit pas le moindre agrément de ce Bateau. La Manœuvre & les Cordages n'ayant pas permis d'y faire un Pavillon, on y avoit suplée par deux Parasols de Damas garnis de Galons & de Franges d'or. Le grand Mats portoit un Pavillon blanc orné de trois Fleurs de Lis, & le Mats d'Arriere un Pavillon bleu avec un Lion d'or. Enfin on avoit eu toute l'attention imaginable à ne rien oublier de ce qui pourroit contribuer à la seureté, à l'agrément, à la cõmodité & au bon goût de ce Batiment.

Ce Bateau de Messeigneurs les Princes, outre celuy de la Musique qu'il avoit à ses côtés, étoit accompagné de trois autres Diligences partagées en deux Chambres chacune & toutes tapissées à neuf. La premiere de ces Diligences étoit pour l'équipage de Monseigneur le Duc DE BOURGOGNE; la seconde pour celuy de Monseigneur le Duc de BERRY, & la troisiéme pour celuy de Monsieur le Maréchal Duc de Noailles: outre ces quatre diligences, il y avoit trois grandes Barques pour le Bagage, pour les Suisses & pour les autres Domestiques; une pour le Carrosse du Corps, une pour la Cuisine avec ses cheminées & tous ses Fours differens, & une à côté pour le Gobelet & pour la fruiterie, ce qui faisoit en tout dix Barques ou diligences, pourveuës avec profusion de toutes sortes de pieces de Gibier, de Venaison, de Liqueurs, de Vins & generalement de toutes les manieres differentes de rafraîchissemens dont on avoit pû s'aviser.

Cette petite flotte fût heureusement tirée par prés de quatre cens Chevaux qu'on avoit choisi avec soin dans tout le Gouvernement,& qui dans le temps du départ se trouverent tous à la fois postez dépuis la route de Lyon jusques à Châlon, pour se relayer de deux en deux lieuës.

Nosseigneurs les Princes étant arrivez avant huit heures au Port Neufville, qui étoit le lieu de leur embarquement, furent reçûs par le Consulat en Corps & en habit de Céremonie à l'entrée du bateau où il eut l'honneur de les conduire, & ce fut dans ces derniers momens qu'ils reçurent avec toute la bonté imaginable les derniéres & sinceres marques de respect qu'il s'empressa de leur donner. Dans cét instant toute l'Artillerie de Pierre-Cize, & toutes les Boîtes de la Ville tirerent; l'air rétentit d'une infinité d'acclamations de VIVE LE ROY, & d'un million de vœux qu'on faisoit pour leur prosperité. Douze Prisonniers que le Consulat avoit fait mettre en liberté, en payant leurs dettes à l'arrivée des Princes, se presenterent pour remercier leurs Augustes Liberateurs. Les Bateliers se hâterent de signaler leur zéle par quelques joûtes nouvelles, & saluerent les Princes en se jettant tous ensemble dans la Riviére dés qu'ils les virent partir; on vit même sur le Rivage un grand nombre de personnes fondre en larmes en les perdant de veuë, & le Ciel qui avoit jusques-là favorisé de ses plus beaux jours le zéle & l'empressement des Lyonnois, changea un moment aprés leur départ, & il recommença à pleuvoir comme il faisoit avant l'arrivée des DEUX GRANDS PRINCES.

FIN.

PERMISSION.

PERMIS d'Imprimer. A Lyon le 25. Avril. 1701.

AUBERT.

DESSEIN
DU FEU D'ARTIFICE
DRESSÉ SUR LA RIVIERE DE SAÔNE

Par les Ordres de Messieurs les PREVOST DES MARCHANDS & ECHEVINS de la Ville de Lyon.

POUR L'HEUREUSE ARRIVÉE

De Monseigneur le Duc DE BOURGOGNE, & de Monseigneur le Duc DE BERRY.

Au Mois d'Avril M. D C C I.

Avec l'explication des Devises, des Emblémes, des Medailles, & des autres ornemens qui accompagnent le Feu.

A LYON,

Chez LOUIS PASCAL, Libraire Ruë Merciere, proche la Place des Jacobins.

AVEC PERMISSION.

DESSEIN

IL y a environ dix-huit années qu'on découvrit dans le Ciel deux nouvelles Planetes qui avoient été inconnuës à tous les siécles passez. On leur donna le nom d'Astres de LOÜIS LE GRAND, *Sidera Lodoicea*; parce que c'est sous son Regne glorieux, sous ses auspices & par ses Astronomes, qu'ils ont été découverts; & les observations en ont été faites dans l'Observatoire Royal de Paris, & par une Académie qui doit au Roy son établissement & sa splendeur.

L'Illustre Mr Cassini à qui nous devons cette belle découverte, eut l'honneur de presenter à Sa Majesté les observations qu'il fit là-dessus, & l'on frappa à cette occasion une Médaille, qui represente d'un côté l'Effigie du Roy, & de l'autre ces nouveaux Astres qui tournent autour de Saturne, avec cette Legende.

SIDERA LODOICEA.

ASTRES DE LOUIS LE GRAND.

Cette Médaille est dans le Cabinet du Roy & dans celuy de plusieurs Curieux.

Ces deux Planetes ont leur cours Periodique & ils entrent aprés un certain nombre d'années dans le signe du Lyon céleste : & c'est précisément dans cette situation que nous les envisageons.

On a creu que deux nouveaux Astres, qui portent le Nom de LOÜIS LE GRAND, qui ont été découverts sous son Regne, qui brillent de la lumiere du Soleil & qui entrent dans le signe du Lyon dans des temps que le Soleil n'y est pas ; on a creu (dis-je) que deux Astres de ce caractere avoient un rapport trés-naturel & une convenance tout-à-fait sensible avec les deux AUGUSTES PRINCES qui viennent d'honorer la Ville de Lyon de leur présence.

Mr Cassini qui étoit allé par les ordres du Roy continuër jusques aux Pirenées la Ligne Méridienne de Paris, s'est trouvé heureusement à Lyon en ce temps-là, & on luy a oüi dire plusieurs fois, que l'application de cette découverte ne seroit pas moins agréable à Sa Majesté que la découverte même.

Pour exprimer cette pensée sur quoy roule tout le dessein du Feu d'Artifice, on represente dans un Zodiaque le Lyon celeste, sur lequel on voit deux Astres brillans qui viennent d'entrer dans ce signe, hors duquel on voit le Soleil qui y a déja passé.

Pour l'Ame de cette Embléme on y joint ce mot tiré de Virgile & qui convient juste au Lyon.

SOLEMQVE SVVM, SVA SIDERA NOVIT
Comme il a son Soleil, il faut qu'il ait ses Astres.

C'est au sixiéme livre de l'Enéide, où Virgile donne une idée charmante des champs Elisées par ces deux beaux vers :

Purior hic campos æther & lumine vestit
Purpureo, solemque suum, sua sidera norunt

Les deux Quatrains suivans servent d'explication à l'Embléme.

I. QVATRAIN.

Tels on voit dans le Ciel deux Astres remarquables,
Qui du plus grand des Roys portent l'Auguste Nom,
Jettant sur les Mortels leurs regards favorables,
Sur les pas du Soleil entrer dans le Lion.

II. QVATRAIN.

Tels la terre aujourd'huy voit deux augustes PRINCES
Charmant par leur aspect nos heureuses Provinces,
Montrer dans leur Personne aux Peuples éblouïs,
Le Nom, le Sang, l'Image & le Cœur de LOUIS.

EXPLICATION
DE LA MACHINE
DU FEU D'ARTIFICE.

TOUTE la Machine qui est de soixante dix pieds de haut & large à proportion, porte sur un grand édifice quarré bâti sur un Roc qu'on a feint au milieu de la Riviére. Cet édifice represente le Palais d'Atlas, sur lequel le Monde est appuyé. Le Rocher porte un Socle, où l'on a gravé diverses Inscriptions à la gloire des PRINCES.

Aux quatre coins du Socle paroissent quatre Lions de haut relief, qui portent les Armes de Monseigneur le DUC DE BOURGOGNE. Sur le Socle s'éleve un ordre d'Architecture Ionique à quatre faces, avec les Bases & les Chapiteaux d'or. Les Entre-Colomnes sont embellies de Devises, d'Emblémes & de Médailles sur le Sujet de la Fête. Sur la Corniche, on voit plusieurs Génies qui l'ornent de tous côtés de festons de fleurs.

Sur ce vaste édifice, qui n'est que pour élever les figures, qui font proprement le sujet de l'Embléme : on voit un Globe terrestre sur lequel soufflent les quatre vents Cardinaux, representés par quatre grandes figures peintes au naturel.

Au dessus du Globe on a representé en éloignement une partie du Zodiaque avec le Lion Céleste, & les deux ASTRES DE LOÜIS LE GRAND : qui viennent d'entrer dans ce Signe, hors duquel on voit le Soleil qui éclaire ces deux Planetes.

J·Buys

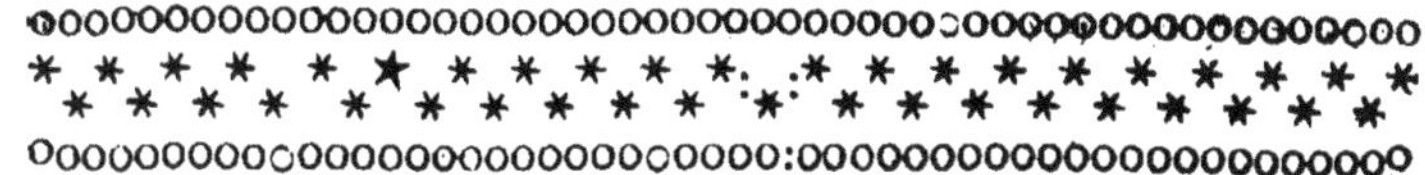

PREMIERE FACE.

MADRIGAL

SUR MONSEIGNEUR

LE DUC DE BOURGOGNE

Ce PRINCE *l'espoir de la France*
Soûtient par ses vertus tout l'éclat de son rang.
Son cœur & son esprit dignes de sa naissance
Marquent dans quelle Source il a puisé son Sang.
On trouve dans son Caractére
De son auguste Ayeul les suprêmes talens,
Et la valeur de son Illustre Pere,
Qui dans lui croît avec les ans.
Pour tracer en un mot son Image fidéle;
Le Ciel, en nous formant un PRINCE *si parfait,*
A pris LOUIS *pour son Modéle.*
Mais c'est pour nous seul qu'il l'a fait.

Sur la nouvelle qui s'est répanduë que Monseigneur le Duc de BOURGOGNE va commander l'Armée du Roy en Allemagne.

I. DEVISE.

L'Aigle qui selon le langage ordinaire des Poëtes porte la Foudre de Jupiter, avec ce mot :

CUI MELIUS SUA FULMINA CREDAT JUPITER?

Qui peut de Jupiter mieux porter le Tonnerre ?

Personne n'ignore que les Poëtes ont donné à l'Aigle le soin de porter la Foudre de Jupiter, d'où vient cette expression d'Horace.

Qualem ministrum fulminis alitem &c.

Pour exprimer la parfaite union qu'il y a entre Monseigneur le Duc de BOURGOGNE & Monseigneur le Duc de BERRY.

II. DEVISE.

Les deux Astres qu'on appelle LES GEMEAUX qui sont un présage de beau temps, lorsqu'ils paroissent tous deux à la fois. Ces paroles servent d'Ame à la Dévise.

JUNCTI FAUSTA OMNIA SIGNANT.

Ces deux Astres unis sont d'un heureux présage.

Horace parle dans ce sens de l'union de ces deux étoiles, lorsqu'il dit dans la douziéme Ode de son premier Livre.

Quorum

- - - - - - Quorum simul alba nautis stella refulsit,
Defluit saxis agitatus humor :
Concidunt venti, fugiuntque nubes,
Et minax (quod sic voluere) ponto unda recumbit.

Pour remarquer le courage infatigable qu'on admire dans les deux PRINCES.

EMBLEME.

Remus & Romulus Fils de Mars & petits Fils de Jupiter, avec ce mot tiré du sixiéme Livre de Virgile:

JUVENES QUANTAS OSTENTANT ASPICE VIRES.

Quel Noble feu déja brille sur leur visage.

On voit sans peine le rapport de Jupiter avec le ROY, & celui de Mars avec MONSEIGNEUR, dont la valeur luy a fait si souvent donner ce Nom.

Pour exprimer combien la France compte & sur la Valeur & sur la Bonté de Monseigneur le Duc de BOURGOGNE.

MEDAILLE.

Le revers represente une figure qui porte d'une main un Javelot, & de l'autre une Corne d'abondance, avec cette Legende.

SECULI NOVI FELICITAS.

De ce Siécle naissant le bonheur & l'Espoir.

II. FACE.

SUR l'Application particuliere de Monseigneur le Duc de BOURGOGNE à s'instruire dans son Voyage, de tout ce qu'il convient à un Souverain de sçavoir, & à se perfectionner toûjours de plus en plus.

I. DEVISE.

Un fleuve qui devient toûjours plus grand à mesure qu'il parcourt plus de Païs, avec ce mot Espagnol.

MAZ CAMINA MAS CRECE.

On le voit croître dans sa course.

Pour exprimer le merite brillant de Monseigneur le Duc de BERRY.

II. DEVISE.

Vne Lune dans son plein avec cette ame :

SOLVS VINCIT ME LVMINE FRATER.

C'est à mon Frere seul que je céde en lumiere.

La Lune que les Poëtes ne distinguent point de Diane, est sœur du Soleil, qui est le même qu'Apollon.

Pour marquer que Messeigneurs les PRINCES sont la vive & la vraye Image du Roy.

DEVISE.

Deux Parelies formez dans une nuë par le Soleil, avec ce mot.

NOS HILARAT SIMILI PROLE.

MADRIGAL.

PRINCES, *si vous n'étiez que les Fils de LOUIS,*
Par l'éclat d'un tel Nom les Peuples ébloüis
Courroient vous rendre leur hommage.
Mais vous êtes ses Fils & sa parfaite Image.
On voit dans vous son Nom, son Sang & son courage.
En faut-il PRINCES *d'avantage*
Pour causer parmy nous ces transports inoüis.

Pour exprimer l'amour de tous les François pour Messeigneurs les Princes.

MEDAILLE.

Les deux Princes à cheval avec cette legende:

PRINCIPES JUVENTUTIS.

Au gré de nos souhaits Princes de la jeunesse.

Ce revers est tiré de la Medaille de Germanicus & de Drusus petits Fils d'Auguste.

III. FACE.

POUR marquer que les Peuples qui ont eu le bonheur de voir Monseigneur le Duc de Bourgogne dans son Voyage, ont redoublé l'estime extraordinaire qu'ils avoient déja pour luy.

DEVISE.

Un Vaisseau que des gens éloignez voient s'approcher d'eux avec ce mot.

MAJOR QUO' PROPIOR.

Plus on le voit de prez, plus on le trouve grand.

Sur l'impression que les grands exemples du Roy ont fait depuis long-temps sur l'esprit & sur le cœur de Messeigneurs les PRINCES.

DEVISE.

Deux Miroirs ardens qui reçoivent les Rayons du Soleil, avec ces mots tirés de Virgile.

IDEM AMBO SIMUL ARDOR HABET.

Même feu, même ardeur, les embraze tous deux.

Pour marquer que Monseigneur le Duc de Bourgogne, suit fidélement les Mouvemens & les Traces de LOUIS LE GRAND.

DEVISE.

DEVISE.

Un Heliotrope autrement nommé Tourne-Sol, qui selon les Naturalistes se tourne toûjours vers le Soleil, avec ces mots :

FORMA EADEM, PAR MOTVS VTRIQVE.

Je suis son mouvement, & je porte ses traits.

Sur l'union qui est entre les deux Princes.

MEDAILLE.

Deux mains jointes avec cette Legende:

AMOR MVTVVS PRINCIPVM.

De deux Princes parfaits la charmante Concorde.

IV. FACE.

QUATRAIN.

Aux trâsports les plus doux, Peuples, qu'on s'abandône.
Mais benissez sur tout l'Hymen du Grand LOUIS;
Puisqu'il donne à son Sang une riche Couronne,
Et qu'il vous fait voir ses deux Fils.

Pour PHILIPPE V. Roy d'Espagne.

DEVISE.

Vn diamant de grand prix qu'on fait venir d'un

païs éloigné, pour embellir une Couronne, avec ces paroles pour ame :

NATALE SOLUM DIADEMATE MUTO.

Si je viens de si loin, c'est pour une Couronne.

Pour exprimer que Monseigneur le Duc de Bourgogne est destiné par le Roy, pour aller soûtenir le droit du Roy d'Espagne son Frere.

EMBLEME.

Alexandre qui se prépare à couper le nœud gordien avec son épée, & ces paroles pour ame.

AMBAGES VANAS HÆC DEXTRA RESOLVET.

Ce Fer va d'un seul coup trancher tous ces vains Nœuds.

Pour exprimer la joye que les Peuples ont de voir les deux Princes.

DEVISE.

Les deux planetes qu'on nomme HESPERUS & JUPITER, qui brillent le plus dans le Ciel, dans l'absence du Soleil, avec ces mots :

SUPPLENT ABSENTIS LUMINA SOLIS.

Ces deux Astres brillans remplacent le Soleil.

Sur la grande Concorde des deux Augustes Princes.

EMBLEME.

Castor & Pollux Fils de Jupiter, qui quoyque d'un

sort different, partagent ensemble l'immortalité, avec ce mot :

SORS DIVERSA; PARES AMOR EFFICIT.

Si leur Sort est divers, l'amour les rend égaux.

TOut l'Edifice étoit garni d'environ cinq mille Lances à feu, qui furent toutes allumées dans un instant, & qui rendirent cette Machine si brillante qu'elle éblouïssoit la vûë : les deux Astres de LOÜIS LE GRAND qui faisoient le fond de l'Emblême étoient distinguez par leur grand éclat, & par une infinité de petites étoiles qu'elles jettoient de temps en temps. Les quatre Faces de l'Edifice étoient embellies de quantité de *Moulinets* qui firent un bel effet par la rapidité de leur mouvement circulaire. Les Lions qui étoient aux quatre coins des Socles & qui portoient les Armes des Princes, se firent aussi fort remarquer par les Feux d'Artifice qu'ils jettoient continuellement.

On n'entre point dans le détail des Fusées à Serpenteaux, qui voltigeoient sur la Riviére, des Fusées à étoiles qui éclatoient en l'air, des grosses Fusées qu'on voyoit s'élever à une hauteur prodigieuse, des pluyes d'or & des *Gerbes* qu'on vit partir durant une heure, & dont il y en avoit plusieurs qui étoient de trois ou quatre cens Fusées chacune.

FIN.

PERMISSION.

SUr la requisition de LOÜIS PASCAL. Je consens qu'il luy soit permis de faire imprimer *l'Explication du Feu d'Artifice*, preparé pour Nosseigneurs les PRINCES. Avec les deffences accoûtumées. Fait à Lyon, le premier Avril mil sept cens un.

AUBERT.

SOIT fait suivant les Conclusions du Procureur du Roy. Fait à Lyon les an & jour susdit.

DUGAS.

A LYON, de l'Imprimerie de L. LANGLOIS, Ruë Petit Soulier. 1701.

www.ingramcontent.com/pod-product-compliance
Ingram Content Group UK Ltd.
Pitfield, Milton Keynes, MK11 3LW, UK
UKHW021005220726
13924UKWH00002B/906